mon album d'activités · Larousse

les petits
jardiniers
à la maison

Angela Wilkes

Larousse

17, RUE DU MONTPARNASSE, 75298 PARIS CEDEX 06

Conception graphique   M. Bull

Photographie   D. King
Direction artistique   R. Priddy

Traduction   B. Porlier
Coordination Larousse   O. Dénommée

Un livre de Dorling Kindersley
Titre original : *My First Garden Book*.
© 1992 Dorling Kindersley Ltd., Londres. Tous droits réservés.
© 1992 Larousse pour l'édition en langue française.
Distributeur exclusif au Canada : Les Éditions françaises inc.

L'Éditeur tient à remercier J. Buckley, M. Earey,
R. Gilbert et J. King, pour leur aimable collaboration.
Illustrations de B. Delf.

Imprimé en Italie par L.E.G.O.
Dépôt légal : février 1992
N° éditeur : 16305
601 148 février 1992

ISBN 2-03-601148-9

SOMMAIRE

LE JARDIN PAR L'IMAGE

Jardiner chez soi, c'est facile et amusant. Avec *Les petits jardiniers à la maison*, tu apprendras à faire pousser des fleurs, des fruits et des légumes sur ton balcon, sur le bord de ta fenêtre ou sous ta véranda. Des photos te montrent, étape par étape, ce qu'il faut faire, et le résultat est illustré en grandeur nature. Mais, avant de commencer, voici quelques conseils pratiques.

Comment utiliser ce livre

Ce qu'il te faut
Pour t'aider à tout réunir, les plantes et les objets dont tu as besoin sont photographiés grandeur nature.

Matériel
Ici sont dessinés tous les outils et ustensiles que tu dois rassembler avant de commencer une plantation.

Pas à pas
Des petites photos, avec des explications simples, te montrent à chaque étape ce que tu dois faire.

PRINTEMPS À TA FENÊTRE

Aimerais-tu avoir à ta fenêtre un superbe jardin fleuri ? Avec une jardinière, c'est facile ! Dans une, deux ou une multitude de couleurs : à toi de choisir ! Tu peux aussi varier les formes des feuilles et disposer devant quelques plantes tombantes. La méthode à suivre est simple. Apportes-y ta touche personnelle.

MATÉRIEL

Petite pelle
Ciseaux
Engrais
Arrosoir
Vaporisateur

Il te faut

Petites plantes (deux ou trois de chaque sorte)

Marguerite

Terreau à empoter

Gravier ou boulettes d'argile

Jardinière avec trous de drainage et son bac d'égouttage

Campanule

Balsamine

Pensée

Garnis ta jardinière

1 Au fond de la jardinière, dépose une couche de gravier de 3 cm d'épaisseur environ, pour drainer la terre.

2 Remplis à moitié la jardinière de terreau. Si celui-ci est très sec, arrose-le avant de continuer.

3 Choisis la disposition de tes plantes : les plus grandes derrière, celles qui tombent devant.

4 Une par une, sors les jeunes fleurs de leur pot et, avec précaution, dégage un peu les racines de leur bloc de terre.

5 Creuse un trou et place la première plante. Assure-toi que ses racines ont assez de place et tasse la terre autour.

6 Plante les autres fleurs. Achève de remplir la jardinière de terreau et tasse-le bien.

40

41

Conseils pratiques

1 Lis bien les instructions avant de commencer et réunis tout ton matériel.

2 Vérifie les dates de mise en pot et les besoins de chaque plante.

3 Mets un tablier ou un vieux vêtement et retrousse tes manches !

4 Avant de commencer, protège la table avec de vieux journaux.

5 Après chaque plantation, nettoie tes outils et toutes les saletés.

6 Arrose et surveille régulièrement graines, pépins et plantes, et observe bien leur croissance.

7 Sois patient. N'abandonne pas parce qu'une plante ne pousse pas assez vite !

Le résultat final
Des photos en grandeur nature te montrent le résultat final. Tu peux facilement en faire autant.

Entretien
Tu trouveras de nombreuses instructions en images sur l'entretien de tes plantes après leur mise en pot.

Pour en savoir plus...
Des informations et des détails sur les plantes figurent près de leur photo.

FENÊTRE EN FLEURS
Regarde à quoi ressemble une jardinière achevée. La tienne sera sûrement aussi jolie ! Comme elle est très lourde, demande à une grande personne de t'aider à la déplacer. Installe-la sur le bord d'une fenêtre et, si celui-ci est en pente, place des cales sous la jardinière pour qu'elle reste bien horizontale.

Une superbe jardinière

MARGUERITE
Cette jolie petite plante produit de nombreuses fleurs tout au long de l'été.

BALSAMINE
Facile à entretenir, elle donne des fleurs très vivement colorées, qui s'ouvriront presque tout l'été.

Arrosage
Le terreau doit rester humide. Arrose-le aussi souvent que nécessaire : au moins une fois par jour, par temps chaud.

Fleurs fanées
Ta jardinière fleurira plus longtemps si tu coupes régulièrement les fleurs fanées.

Engrais
Toutes les six semaines environ, nourris ta plante en ajoutant un peu d'engrais liquide dans l'eau d'arrosage.

Parasites
Un moyen simple de se débarrasser des pucerons, c'est de vaporiser la plante avec de l'eau contenant un peu de liquide à vaisselle.

Remplacements
Si l'une des plantes de ta jardinière vient à mourir, déterre-la et remplace-la par une nouvelle.

PENSÉE
Il en existe de plusieurs couleurs. Arrose-les bien et coupe souvent les fleurs fanées.

CAMPANULE
Cette variété rampante s'adapte très bien en intérieur. Elle fleurit de la fin de l'été jusqu'au début de l'hiver.

42

43

TES OUTILS

Tu vois ici quelques-uns des objets dont tu vas avoir besoin pour jardiner. Pour chaque plantation, on te précisera l'équipement nécessaire. Mais réunis d'abord tout ce matériel avant de commencer.

Terreau à empoter : il contient de la nourriture pour les plantes. Il y en a de plusieurs sortes : terreau pour semis, pour les jeunes plants et pour les plantes adultes.

Gravier (ou boulettes d'argile) à disposer au fond des pots

Petit arrosoir

Ciseaux

Engrais* liquide, pour nourrir tes plantes régulièrement

Bacs d'égouttage de différentes tailles

Bacs à semis avec trous de drainage au fond

Vaporisateur

* Attention, ne jamais avaler d'engrais !

Marqueur, pour étiqueter tes plantes

Petite cuillère,
pour semer les graines

Petite pelle

Petite fourche

Ficelle de jardinage

Pots de fleurs de différentes tailles
avec trous de drainage au fond

Petites enveloppes, pour garder les graines

Tuteurs,
pour
maintenir les plantes

Liens, pour fixer les tiges
des plantes aux tuteurs

Étiquettes de jardinage

Sacs en plastique,
pour couvrir les semis

7

MOISSON DE GRAINES

Acheter des graines chez un marchand, c'est facile. Mais il est bien plus amusant de les récolter soi-même. Il en existe de toutes les tailles et de toutes les formes. Tu peux récolter les graines des fleurs tout l'été et celles des arbres en automne. Voici quelques graines intéressantes que tu trouveras facilement.

La récolte

Les graines se trouvent dans les fruits qui se forment à la place de fleurs fanées. Elles sont mûres quand elles ont une teinte brune. Récolte-les en les faisant tomber dans un sac, puis place-les dans une petite enveloppe, dans un endroit sombre et frais.

MONNAIE-DU-PAPE

Froisse les gousses argentées de la monnaie-du-pape entre tes doigts pour en récolter les graines.

COQUELICOT

Les cosses du coquelicot font penser à un poivrier : quand le vent les secoue, les graines tombent sur le sol.

POIS DE SENTEUR

Quand elles ont une teinte brune, ouvre les gousses du pois pour libérer ses graines.

NIGELLE

Cette fleur produit des fruits arrondis qui sont mûrs lorsqu'ils deviennent marron.

Les graines des arbres

Pour être sûr de trouver de bonnes graines, récolte-les au tout début de l'automne. Garde-les dans un endroit sombre et frais jusqu'à la fin de l'hiver. Ensuite, tu pourras les planter.

PLATANE

Ses graines sont cachées dans de drôles de « pompons ».

ÉRABLE

Chaque « hélicoptère » contient deux graines.

CHÊNE

Ses fruits sont appelés « glands ».

MARRONNIER

Ses fruits, les marrons, sont enfermés dans des cosses piquantes.

TOURNESOL

Ses graines rayées sont rassemblées dans le cœur de ses grosses fleurs fanées.

ROSE TRÉMIÈRE

Récolte les graines sur les grandes tiges, quand les fleurs sont fanées.

SOUCI DES JARDINS

Les soucis forment des grappes serrées de graines, en forme de croissant, qui brunissent en mûrissant.

GRAINES EN TERRE

Si tu sèmes les graines des fleurs annuelles et bisannuelles* en pot, chez toi, au début du printemps, elles seront assez grandes pour être repiquées dehors dès qu'il fera plus chaud.

Sur les paquets de graines que tu achètes, lis bien les indications pour savoir quand et comment les planter et les arroser.

Il te faut

Terreau pour semis et plants

Glands

Liens pour sacs en plastique

Graines de capucine

Étiquettes pour plantes

Graines de tournesol

Sacs en plastique

Graines de coquelicot

Plante tes graines

MATÉRIEL

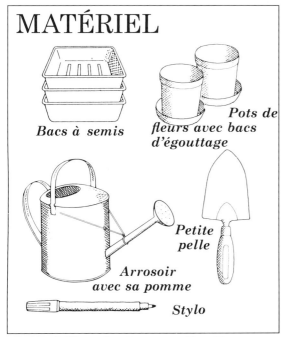

Bacs à semis

Pots de fleurs avec bacs d'égouttage

Petite pelle

Arrosoir avec sa pomme

Stylo

1 Remplis de terreau les pots et les bacs à semis jusqu'à 1 cm du bord. Arrose le terreau légèrement.

2 Enfonce les grosses graines à environ 1 cm dans le terreau. Marque chaque pot du nom de la plante que tu as semée.

* Une plante annuelle vit un an, une plante bisannuelle, deux ans. Mais attention ! Les plantes bisannuelles ne fleurissent que la deuxième année.

3 Répands les petites graines à la surface des bacs, puis recouvre-les d'une fine couche de terreau. Marque chaque bac.

4 Enferme les pots et les bacs dans des sacs en plastique et place-les dans un endroit chaud, sombre, mais aéré. Surveille-les.

5 Dès que sortent les premières pousses, retire les sacs et mets tes plantes à la lumière. Arrose-les souvent.

De la graine à la fleur

La capucine est une fleur facile à faire pousser en pot. Observe ici comment elle se développe. Pour les fleurs semées dans des bacs, tu devras d'abord déterrer et séparer chaque pousse avec précaution, avant de la repiquer en pot ou dans ton jardin.

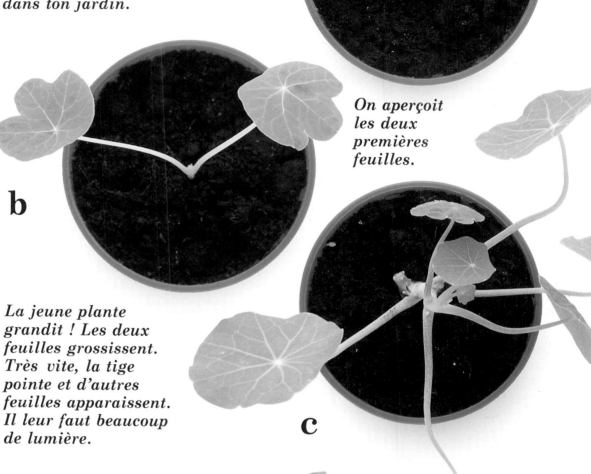

a

On aperçoit les deux premières feuilles.

b

La jeune plante grandit ! Les deux feuilles grossissent. Très vite, la tige pointe et d'autres feuilles apparaissent. Il leur faut beaucoup de lumière.

c

d

*Enfin, les bourgeons se forment et la capucine commence à fleurir.
C'est une plante grimpante. Alors, pense à installer un tuteur autour duquel elle s'enroulera.*

JARDIN GOURMAND

Tu n'as pas toujours besoin de terre pour
faire pousser les plantes ! Tu peux aussi
semer différentes sortes de graines sur un
simple morceau de coton humide. En une
semaine, tu pourras moissonner ta mini-
récolte pleine de vitamines ! Ces pousses
seront délicieuses dans tes salades. Achète
les graines dans un magasin de produits
naturels. Tu pourras les faire pousser toute
l'année sur le bord de ta fenêtre, par
exemple.

Il te faut

Différentes graines :

Grains de blé

Graines de luzerne　　　*Graines de moutarde*

Graines de soja　　　*Graines de cresson*

Coton

MATÉRIEL

Liens

Bols ou soucoupes

Sacs en plastique

Passoire

Pots de verre

Étiquettes

Stylo

Vaporisateur

Fais germer les graines

1 Avec la passoire, nettoie tes
graines sous l'eau froide,
puis mets-les à tremper 12 heures
dans de l'eau chaude. Rince bien.

2 Trempe des morceaux de
coton dans l'eau froide, puis,
après les avoir égouttés, dispose-
les au fond des soucoupes.

3 Sur le coton humide, répands environ 1 cuillerée à soupe d'un type de graines dans chacune des soucoupes. Étiquette-les.

4 Mets tes soucoupes dans des sacs en plastique, sans serrer le lien. Place-les dans un endroit chaud et sombre et surveille-les.

5 Dès que les germes sortent, retire les soucoupes des sacs et place-les à la lumière. Vaporise-les bien chaque jour.

Les graines germées

La plupart des graines commencent à germer au bout de deux à trois jours. Elles peuvent être récoltées après cinq à sept jours, alors qu'elles sont encore jeunes et tendres. Coupe les pousses à l'aide de ciseaux ; tu pourras en saupoudrer les salades ou en garnir des sandwichs.

Soja

Ce sont les classiques pousses de soja chinoises. Récolte-les quand elles sont encore pâles et sans feuilles.

Luzerne

Elle pousse très vite et ressemble à du cresson, mais avec des feuilles plus petites.

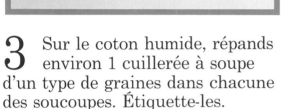

Blé

On dirait de l'herbe toute jeune ! Mets-en dans tes salades et même dans la pâtée du chien.

LES BULBES

Certaines fleurs passent l'hiver sous forme de bulbes que tu dois planter dès l'automne si tu veux qu'ils fleurissent au printemps suivant. Ils ont ainsi le temps de développer de fortes racines avant la belle saison. Ne plante qu'une seule variété de bulbes par pot, afin que tous fleurissent en même temps.
Tourne la page : tu verras comme c'est beau, les plantes à bulbes !

Il te faut

Différents bulbes :

Gravier ou boulettes d'argile

MATÉRIEL

Pots de fleurs

Petite pelle

Arrosoir

Jacinthes

Tulipes naines

Jonquilles

La plantation

1 Dépose un peu de gravier ou de boulettes d'argile au fond des pots. Ils absorberont l'excédent d'eau du terreau.

2 Avec du terreau à empoter, remplis tes pots à peu près jusqu'à mi-hauteur.

3 Dispose les gros bulbes, leur bout pointu vers le haut. Ajoute du terreau, en laissant les bulbes dépasser un peu.

Les bulbes

Ici, on a coupé en deux le bulbe d'une jacinthe. Tu peux voir qu'il ressemble à un oignon.

Terreau à empoter

Narcisses

Muscaris

Crocus

Iris miniatures

Réserve...

Le bulbe est une réserve de nourriture pour la plante, qu'elle utilise au printemps pour se développer après être restée longtemps en repos.

Racines

Avant d'être portés à la lumière, les bulbes doivent développer leurs racines.

4 Dispose les petits bulbes, le bout pointu vers le haut. Recouvre-les complètement de terreau.

5 Arrose tes pots, puis place-les dans un endroit sombre et frais pendant 8 à 12 semaines. La terre doit rester humide.

Pour savoir ce qu'il faut faire ensuite, tourne la page.

BOUQUET DE PRINTEMPS

Quand tes bulbes ont des pousses de 2 cm de haut environ, place les pots à la lumière, mais toujours au frais, car les fleurs s'y développent mieux. La plupart fleurissent quatre à cinq mois après leur plantation. Après la floraison, coupe les fleurs fanées et laisse les feuilles se dessécher. Ensuite, replante les bulbes dehors si tu le peux ; ils ne refleuriront pas dans l'année. Toutes ces fleurs s'ouvrent au début du printemps.

JONQUILLES
« TÊTE-À-TÊTE »

Les pétales dorés de ces petites jonquilles, de la famille des narcisses, se retournent vers l'arrière.

CHIONODOXA

Elle a de jolies petites fleurs violettes en forme d'étoile avec le cœur tout blanc.

CROCUS

Qu'elles soient blanches, jaunes ou violettes, leurs fleurs sont parmi les premières à s'ouvrir au printemps.

SCILLES

Ces petites plantes ont des fleurs bleues en forme de clochettes.

16

PUSCHKINIA

Avec ses épis de fleurs blanches ou bleu pâle, elle apprécie les rocailles.

JACINTHES

Leurs fleurs forment de lourds épis très odorants, qui ont parfois besoin d'un tuteur. Tu peux aussi placer les bulbes dans des pots spéciaux remplis d'eau, pour voir pousser leurs racines.

TULIPES « LIS D'EAU »

Ces tulipes naines ont des fleurs blanches au cœur rouge et jaune. Comme les autres tulipes lis, elles ouvrent grand leurs pétales au soleil.

17

PANIER FLEURI

Un panier tout en fleurs est une très belle décoration que tu peux réaliser et installer chez toi. Nous avons utilisé ici des fleurs de printemps bleues et jaunes. Pour un « jardin » d'été, choisis plutôt des fuchsias, des géraniums, des balsamines et des lobélies.

MATÉRIEL

Ciseaux

Arrosoir

Petite pelle

Vaporisateur

Il te faut

Terreau très léger

Pensées

Panier en fil de fer avec une chaîne

Jacinthes à grappes

Sphaignes

Sac poubelle

18

Primevères

*Primevères
« baguettes
de tambour »*

*Divers
lierres
tombants*

Garnis ton panier

1 Recouvre l'intérieur
du panier d'une bonne
couche de sphaignes (sorte de
mousse), sans y laisser de trous.

2 Dans le sac poubelle, découpe
une pièce à la dimension
du panier. Dispose-la par-dessus
la mousse et arrange les bords.

3 Enveloppe les lierres dans
un morceau de plastique
enroulé en forme de cône, les
feuilles du côté le plus étroit.

Pour savoir ce qu'il faut faire ensuite, tourne la page. 19

JARDIN SUSPENDU

Voici à quoi ressemble un jardin suspendu débordant de jolies fleurs. Une fois achevé, il est très lourd. Demande à un adulte de t'aider à le fixer solidement en hauteur. Dispose-le de sorte que les fleurs soient bien visibles, mais pas trop haut, pour pouvoir l'arroser.

Garnis ton panier (suite)

4 Perce le fond en plastique et glisse dans les trous les cônes de lierres, les feuilles vers l'extérieur.

5 Retire les cônes en laissant les lierres pendre sous le panier. Ensuite, remplis à moitié le panier de terreau.

JACINTHES EN GRAPPES

Ces jolies fleurs proviennent de bulbes, mais tu peux aussi les acheter en boutons.

SPHAIGNES

20

PRIMEVÈRES

« BAGUETTES DE TAMBOUR »

Les nombreuses sortes de primevères fleurissent pendant la première moitié du printemps.

6 Enfin, dispose le reste des plantes et finis de remplir le panier de terreau. Arrose bien le tout.

Arrosage

Arrose et vaporise ton panier juste assez pour maintenir la terre humide : une ou deux fois par jour par temps chaud.

Fleurs fanées

PENSÉES

Celles-ci sont des pensées d'hiver. Elles fleuriront tout l'hiver et tout le printemps, si tu penses à couper les fleurs fanées.

Ton panier refleurira plus longtemps si tu coupes régulièrement les fleurs fanées. Remplace les plantes qui meurent.

LIERRES

Dans le jardin suspendu, quelques lierres tombants garnissent joliment le dessous du panier.

JARDIN DU DÉSERT

Avec quelques petites plantes grasses, tu vas pouvoir créer chez toi un désert miniature ! Ces plantes sont capables de survivre avec très peu d'eau, car elles la conservent dans leurs tiges et leurs feuilles épaisses. Choisis des plantes sans épines, de forme et de couleur variées. Dispose-les dans un bac large et peu profond.

Il te faut

Quelques plantes grasses :

MATÉRIEL

Petite cuillère

Petite pelle

Ciseaux

Arrosoir

Orpin

Haworthia

Gravier

Terreau pour plantes grasses

Sable grossier

Bac large et peu profond

Comment faire ?

Echeveria

Kalanchoe

Orpin*

1 Dans le bac, dépose une mince couche de gravier, puis recouvre-la de terreau jusqu'à mi-hauteur.

2 Sans sortir tes plantes de leur pot, essaie plusieurs dispositions et choisis celle qui te plaît le plus.

3 Avec précaution, dépote tes plantes et dispose-les une par une. Puis finis de remplir le bac de terreau.

4 Avec la cuillère, répands à la surface un peu de sable grossier. Puis, arrose légèrement pour fixer le tout.

Crassule

Portulacaria

Orpin*

* Il existe plus de 200 espèces d'orpins.

DÉSERT MINIATURE

Les plantes grasses aiment les fortes lumières. Place donc ton désert miniature près d'une fenêtre très éclairée. Durant les chauds mois d'été, tu peux le sortir dans un endroit ensoleillé et abrité : ainsi, tes plantes deviendront plus fortes. Pendant leur période de repos, en hiver, il faut les arroser moins souvent.

Arrosage

Arrose seulement lorsque la terre est desséchée. Les plantes grasses apprécient l'eau après une période de sécheresse.

Taille

Si certaines plantes se mettent à grandir dans tous les sens, coupe les branches trop longues avec une petite paire de ciseaux.

PORTULACARIA

ORPIN

ORPIN

HAWORTHIA

KALANCHOE

Elle fleurit longtemps, mais une seule fois. Remplace-la donc après floraison.

Décoration

Ton désert miniature apparaît étonnamment frais et vert. Pour le décorer, tu peux disposer quelques beaux cailloux ou coquillages autour des plantes.

CRASSULE

On la nomme aussi « plante à monnaie ».

Plante trop grande

1 Si une plante devient trop grande, retire-la doucement avec une petite cuillère et replante-la dans un pot à part.

ECHEVERIA

Elle a pour habitude de développer de petites plantes autour de la plante principale.

ORPIN

2 Dans le bac, remplace-la par une plante plus petite. Fais-le toujours avec précaution et tasse bien la terre autour.

FRAISES EN POTS

Jardiner, ce n'est pas seulement faire pousser des fleurs et des plantes d'intérieur ; c'est aussi cultiver des légumes ou des fruits. Voici une façon de planter des fraisiers, qui te permettra, en plus, d'observer la croissance de leurs fruits. Même si tu n'as pas de jardin, tu peux obtenir de délicieuses fraises dans un simple pot de fleurs. Alors regarde bien comment faire et à toi de jouer !

Plants de fraisiers. Achète-les dans une jardinerie, dès la fin du printemps.

Il te faut

MATÉRIEL

Petite pelle

Ciseaux

Arrosoir

Terre végétale ou terreau à empoter

Un pot de fleurs par plant

Gravier ou boulettes d'argile

Plante tes fraisiers

*Bac d'égouttage
pour chaque pot*

1 Dépose du gravier au fond de chaque pot, sur 1 cm d'épaisseur environ, afin de bien drainer le terreau.

2 Puis recouvre-le d'une couche de terreau, en laissant beaucoup de place pour les racines des fraisiers.

3 Si c'est nécessaire, démêle les racines des fraisiers avec précaution et débarrasse-les de la terre en excès.

4 Plante les fraisiers dans les pots, les racines touchant le terreau au fond et la base des tiges affleurant la surface du pot.

5 Finis de remplir les pots jusqu'à la base des plantes, et tasse bien le terreau.

6 Arrose bien tes fraisiers et, régulièrement, redonne-leur un peu d'eau. La terre doit rester légèrement humide.

DE LA FLEUR AU FRUIT

À l'origine, les fraises sont des fruits des bois et se développent bien à l'ombre. Mais elles mûriront plus vite si tu les places, chez toi ou dehors, dans un endroit ensoleillé. Pense à les arroser et sois patient : tu pourras observer les fleurs qui vont se transformer en fraises.

Ça pousse !

1 Le fraisier commence à grandir et ses feuilles grossissent. Puis sortent des tiges portant des bourgeons.

Le bourgeon et la fleur

2 Les bourgeons s'ouvrent et des fleurs blanches au cœur vert-jaune apparaissent. Quand les fleurs se fanent, leur cœur commence à grossir.

Bourgeon protégé par le calice vert en forme de coupe.

Si le fraisier forme trop de pousses, coupe-les à la base : les fruits pousseront mieux.

Le cœur de la fleur grossit.

Bourgeon

Fleur

28

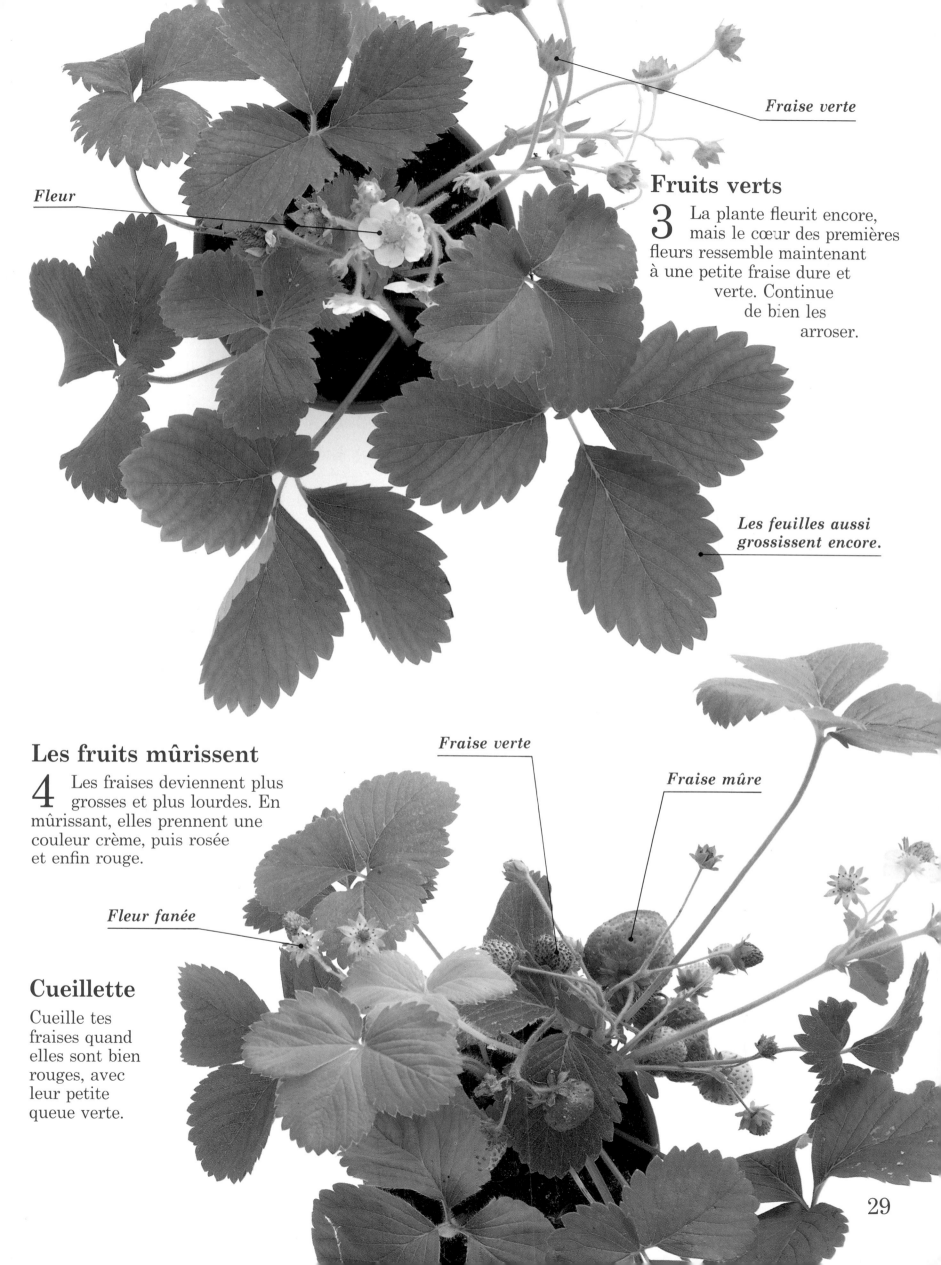

Fraise verte

Fruits verts

3 La plante fleurit encore,
mais le cœur des premières
fleurs ressemble maintenant
à une petite fraise dure et
verte. Continue
de bien les
arroser.

Fleur

*Les feuilles aussi
grossissent encore.*

Les fruits mûrissent

4 Les fraises deviennent plus
grosses et plus lourdes. En
mûrissant, elles prennent une
couleur crème, puis rosée
et enfin rouge.

Fraise verte

Fraise mûre

Fleur fanée

Cueillette

Cueille tes
fraises quand
elles sont bien
rouges, avec
leur petite
queue verte.

29

PÉPINS MALINS

As-tu déjà pensé, quand tu manges un fruit,
à planter le noyau ou les pépins qui s'y
trouvent, au lieu de les jeter ? Si tu
sais les faire pousser, ils te donneront
des plantes qui te surprendront par leur
beauté. La meilleure saison pour les planter
est le printemps. Voici comment t'y
prendre, notamment avec un noyau d'avocat.

Pépins de raisin

Noyau de pêche

MATÉRIEL

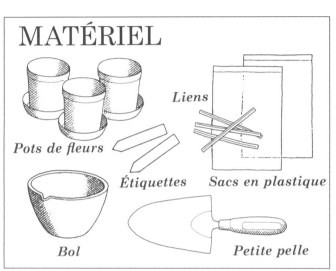

Pots de fleurs   *Liens*

Étiquettes   *Sacs en plastique*

Bol   *Petite pelle*

*Pépins d'orange
ou de citron*

Il te faut

Différents pépins et noyaux :

Pépins de pomme

*Terreau pour
semis et plants*

Noyau d'avocat

Comment faire ?

1 Laisse tremper les noyaux dans l'eau pendant 24 heures. Dans le bol, mélange du terreau à de l'eau et remplis-en les pots.

2 Plante les noyaux d'avocat, leur bout pointu dépassant un peu de terre. Enfonce les pépins à 1 cm dans la terre.

3 Marque tes pots et enferme-les dans un sac en plastique. Place-les ensuite dans un endroit chaud et sombre.

Observe bien...

Surveille tes pots et, dès que les premières pousses sortent, retire-les des sacs et mets-les à la lumière. Arrose-les régulièrement, mais juste assez pour garder la terre humide. Regarde-les pousser, comme ce petit avocatier.

Ça germe !

Le noyau d'avocat met six à sept semaines pour germer.
Il s'ouvre, une racine s'enfonce en terre et une pousse apparaît.

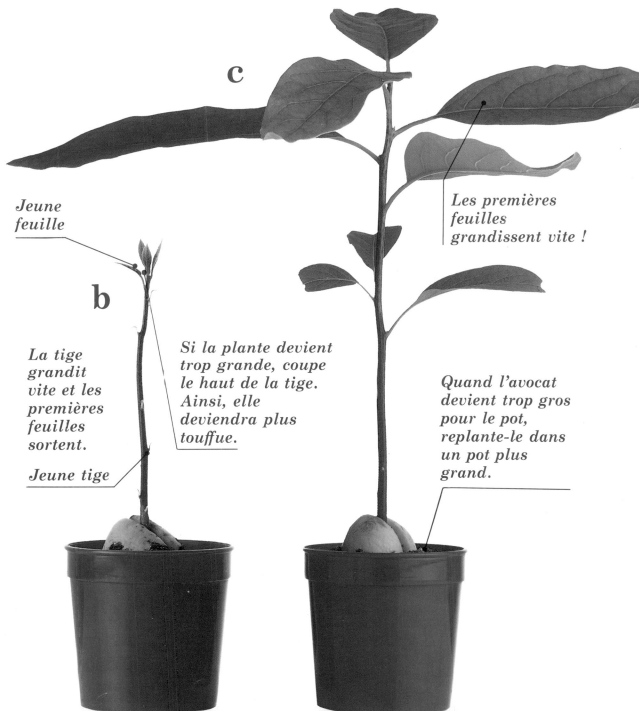

Jeune feuille

Les premières feuilles grandissent vite !

La tige grandit vite et les premières feuilles sortent.

Si la plante devient trop grande, coupe le haut de la tige. Ainsi, elle deviendra plus touffue.

Jeune tige

Quand l'avocat devient trop gros pour le pot, replante-le dans un pot plus grand.

a

b

c

BÉBÉS PLANTES

Une *bouture,* c'est une partie d'une plante que l'on coupe et que l'on met en terre pour qu'elle s'enracine et forme une nouvelle plante. Essaie donc de faire des boutures avec des plantes d'intérieur, à partir d'une tige, d'une feuille ou d'une pousse. On te montre ici comment procéder.

Il te faut

BÉGONIA REX

Ce bégonia, aux feuilles en forme de cœur très colorées, est idéal pour les boutures de feuilles. Tu peux aussi choisir des saintpaulias.

Terreau pour semis et plants

Boutures de feuilles

1 Sur un bégonia, coupe une belle feuille avec sa queue. Plante la queue dans un pot rempli de terreau.

2 Arrose le terreau, puis enferme le pot dans un sac et place-le dans un endroit chaud, mais pas en plein soleil.

Boutures de tiges

1 Sur un tradescantia, coupe une portion de tige de 6 cm environ, juste sous une feuille. Retire les feuilles basses.

2 Plante ta bouture dans un pot rempli de terreau ou mets-la dans un verre d'eau pour qu'elle développe des racines*.

Boutures de pousses

1 Les pousses d'une phalangère portent déjà des racines. Quand elles ont 1 cm de long, coupe la pousse de la tige.

2 Retire les feuilles les plus basses, puis plante ta pousse dans du terreau humide, en enterrant bien les racines.

TRADESCANTIA

Avec cette plante, il vaut mieux choisir des boutures de tiges, comme pour les géraniums et les menthes.

PHALANGÈRE

Cette plante rampante développe de longues tiges portant de jeunes pousses qui peuvent servir pour faire des boutures.

MATÉRIEL

Vaporisateur

Verre

Petite pelle

Liens

Ciseaux

Pots de fleurs

Arrosoir

Sacs en plastique

---

* Quand la pousse a formé ses racines, replante-la dans du terreau.

LES BOUTURES PRENNENT !

Enracinement

Après quelques semaines, ôte les pots des sacs et tire doucement sur les boutures pour t'assurer qu'elles sont bien enracinées.

Arrosage

Arrose tes boutures chaque fois que le terreau est sec. Il est préférable de verser l'eau dans les soucoupes plutôt que sur le terreau.

Vaporisation

De temps en temps, vaporise tes boutures. Cela les nettoie et les empêche de se dessécher.

Voici quelques jeunes plants qui proviennent de boutures.

BÉGONIA REX

PHALANGÈRE

Comme avec la phalangère, tu peux réaliser des boutures de saxifrages à partir de jeunes pousses.

SAINTPAULIA

Pincement

Si une tige se développe trop vite en longueur, coupes-en le bout. Cela favorisera la pousse de la plante en forme de bouquet.

Rempotage

1 Si les racines dépassent du fond du pot, il est temps de rempoter ta plante. Fais-la glisser doucement dans ta main.

2 Replante-la dans un pot plus grand, avec du terreau neuf. Arrose-la et mets-la à l'ombre pendant une semaine.

TRADESCANTIA

Cette pousse de tradescantia a fait des racines dans un verre d'eau et va pouvoir être replantée en terre.

AEONIUM

Certaines plantes grasses font des petits autour de leurs tiges. Coupe-les et plante-les séparément.

PILEA

Cette plante vient d'une bouture de tige coupée au printemps.

TON POTAGER MAISON

Et les légumes, y as-tu pensé ?
Pas besoin non plus de jardin pour
les cultiver ! Dans de simples pots
de fleurs, tu peux faire pousser
certains légumes peu encombrants.
On te montre ici comment faire,
mais, pour en savoir plus,
lis aussi ce qui est écrit sur
les paquets de graines.

Il te faut

Terreau à empoter

Différents types de graines :

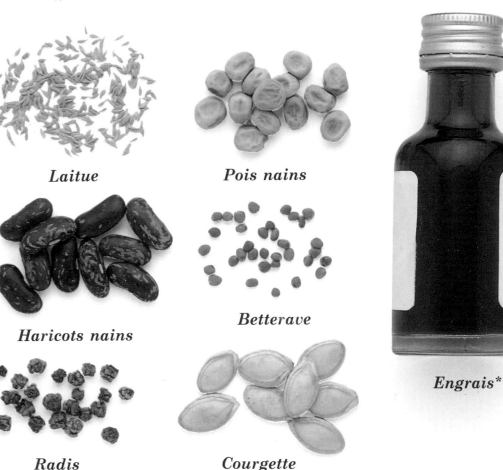

Laitue

Pois nains

Haricots nains

Betterave

Radis

Courgette

Engrais*

MATÉRIEL

Petite pelle

Bacs à semis

Pots de fleurs

Arrosoir

Stylo

Vaporisateur

Comment faire ?

1 Remplis les bacs et les pots
de terreau et arrose-les
légèrement, sans les
détremper.

2 Plante les grosses graines
dans les pots, à environ
1 cm de profondeur,
et marque-les.

3 Utilise les bacs pour les
petites graines. Sème-les et
recouvre-les d'une fine couche de
terreau. Marque-les également.

Attention, ne jamais avaler des engrais !

Gravier ou boulettes d'argile

Sacs en plastique et liens

Étiquettes

Tuteurs

4 Vaporise les pots et les bacs. Enferme-les dans les sacs en plastique et place-les dans un endroit chaud et sombre*.

5 Dès que les pousses apparaissent, ôte les sacs et place les pots à la lumière. Arrose-les avec le vaporisateur.

6 Quand les légumes deviennent trop gros, déterre-les prudemment et replante-les dans des pots plus grands.

* L'endroit doit aussi être aéré.

LÉGUMES À FOISON

Pendant leur croissance, n'oublie surtout
pas d'arroser régulièrement tes légumes.
Observe comment ils se développent.
Tu peux voir ici ce que vont devenir
des graines de laitues et de haricots.

LAITUE

a

b

c

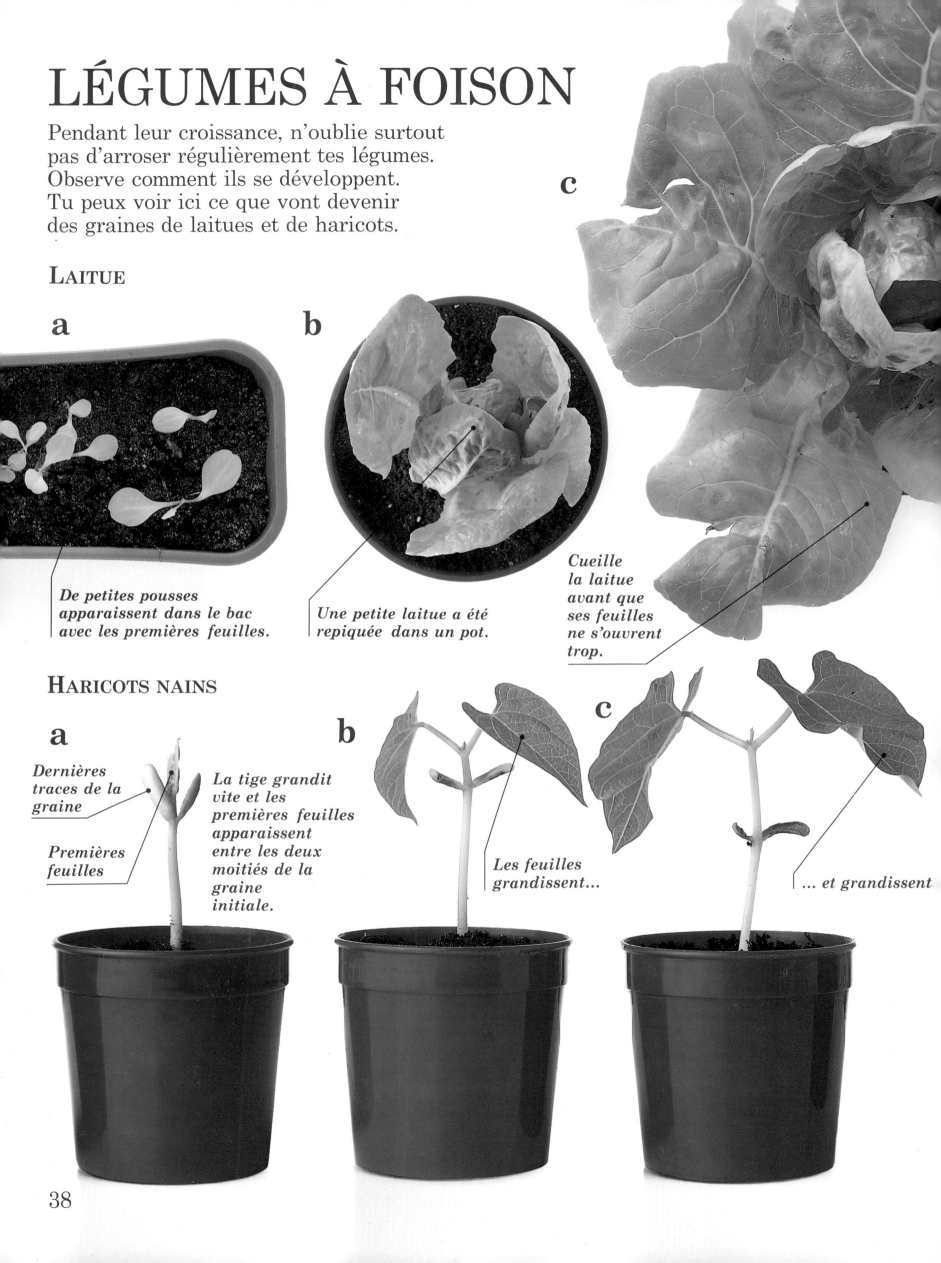

*De petites pousses
apparaissent dans le bac
avec les premières feuilles.*

*Une petite laitue a été
repiquée dans un pot.*

*Cueille
la laitue
avant que
ses feuilles
ne s'ouvrent
trop.*

HARICOTS NAINS

a

Dernières
traces de la
graine

Premières
feuilles

*La tige grandit
vite et les
premières feuilles
apparaissent
entre les deux
moitiés de la
graine
initiale.*

b

*Les feuilles
grandissent...*

c

... et grandissent

e

Jeune
haricot

Fleurs

*Quand la plante
a grandi, enroule
sa tige autour
d'un tuteur
et fixe-la
avec un lien.
Vaporise d'eau
les fleurs pour
favoriser la
pousse des
haricots.*

Lien

LA RÉCOLTE

*Les haricots
sont meilleurs
petits, quand
ils font 10 cm
de long environ
et se cassent
facilement
en deux.*

Tuteur

d

*Dès lors, la
plante pousse
très vite et les
feuilles sortent
de partout.*

PRINTEMPS À TA FENÊTRE

Aimerais-tu avoir à ta fenêtre un superbe jardin fleuri ? Avec une jardinière, c'est facile ! Dans une, deux ou une multitude de couleurs : à toi de choisir ! Tu peux aussi varier les formes des feuilles et disposer devant quelques plantes tombantes.

La méthode à suivre est simple. Apportes-y ta touche personnelle.

MATÉRIEL

Petite pelle

Ciseaux

Arrosoir

Engrais

Vaporisateur

Balsamine

Il te faut

Petites plantes (deux ou trois de chaque sorte)

Marguerite

Terreau à empoter

Gravier ou boulettes d'argile

Jardinière avec trous de drainage et son bac d'égouttage

Garnis ta jardinière

Campanule

Pensée

1 Au fond de la jardinière, dépose une couche de gravier de 3 cm d'épaisseur environ, pour drainer la terre.

2 Remplis à moitié la jardinière de terreau. Si celui-ci est très sec, arrose-le avant de continuer.

3 Choisis la disposition de tes plantes : les plus grandes derrière, celles qui tombent devant.

4 Une par une, sors les jeunes fleurs de leur pot et, avec précaution, dégage un peu les racines de leur bloc de terre.

5 Creuse un trou et place la première plante. Assure-toi que ses racines ont assez de place et tasse la terre autour.

6 Plante les autres fleurs. Achève de remplir la jardinière de terreau et tasse-le bien.

FENÊTRE EN FLEURS

Regarde à quoi ressemble une jardinière achevée. La tienne sera sûrement aussi jolie ! Comme elle est très lourde, demande à une grande personne de t'aider à la déplacer. Installe-la sur le bord d'une fenêtre et, si celui-ci est en pente, place des cales sous la jardinière pour qu'elle reste bien horizontale.

Arrosage

Le terreau doit rester humide. Arrose-le aussi souvent que nécessaire : au moins une fois par jour, par temps chaud.

Fleurs fanées

Ta jardinière fleurira plus longtemps si tu coupes régulièrement les fleurs fanées.

Une superbe jardinière

MARGUERITE

Cette jolie petite plante produit de nombreuses fleurs tout au long de l'été.

BALSAMINE

Facile à entretenir, elle donne des fleurs très vivement colorées, qui s'ouvriront presque tout l'été.

Engrais

Toutes les six semaines environ, nourris ta plante en ajoutant un peu d'engrais liquide dans l'eau d'arrosage.

Parasites

Un moyen simple de se débarrasser des pucerons, c'est de vaporiser la plante avec de l'eau contenant un peu de liquide à vaisselle.

Remplacements

Si l'une des plantes de ta jardinière vient à mourir, déterre-la et remplace-la par une nouvelle.

PENSÉE

Il en existe de plusieurs couleurs. Arrose-les bien et coupe souvent les fleurs fanées.

CAMPANULE

Cette variété rampante s'adapte très bien en intérieur. Elle fleurit de la fin de l'été jusqu'au début de l'hiver.

FESTIN !

Depuis des siècles, nous utilisons certaines herbes pour donner du goût à nos plats. Quelle bonne idée de les avoir à portée de main dans la cuisine ! Voici donc une culture en pot utile, décorative et facile à réaliser.

MATÉRIEL

Petite pelle

Arrosoir

Ficelle

Ciseaux

Il te faut

Petites plantes aromatiques :

Origan

Persil
(il t'en faut 8 petits plants)

Thym

Gravier
ou boulettes
d'argile

Grand
bac carré

**Terreau classique
ou tourbeux**

Plante des herbes aromatiques

1 Dispose au fond du bac une couche de gravier de 3 cm d'épaisseur environ, pour drainer le terreau.

2 Remplis le bac de terreau jusqu'aux trois quarts. Cela te laisse de l'espace pour planter tes herbes.

3 Plante la camomille au centre du pot, puis dispose le persil en deux diagonales comme sur la photo.

4 Plante la sauge, le romarin, l'origan et le thym dans les espaces triangulaires délimités par le persil.

5 Tasse bien le terreau autour des plantes. Rajoutes-en un peu si c'est nécessaire et arrose bien tes herbes.

Romarin

Sauge officinale

Grande camomille

TABLEAU VIVANT

Les jardins à la française sont découpés en figures géométriques délimitées par des haies taillées. Dans ce mini-jardin, c'est le persil qui forme la haie en croix. Les autres herbes font un joli contraste de couleurs et de formes.

PERSIL

Le persil est une herbe de cuisine très utilisée. Il lui faut un peu d'ombre et beaucoup d'eau. Il ne dure qu'un été. Pour conserver ton jardin, tu devras donc le remplacer.

ROMARIN

Arbuste aromatique toujours vert, il aime les endroits ensoleillés et abrités. Le romarin pousse vite, alors taille-le souvent.

GRANDE CAMOMILLE

C'est une plante médicinale aux feuilles aromatiques et aux jolies fleurs qui ressemblent aux marguerites.

Cueillette

Tes herbes poussent vite, alors n'hésite pas à t'en servir souvent. Ainsi, tu entretiendras ton jardin de façon utile.

SAUGE OFFICINALE

C'est l'une des nombreuses sortes de sauge. Très odorante et toujours verte, elle aime le soleil.

THYM

Il en existe plusieurs variétés avec de petites feuilles robustes et odorantes. Ses fleurs roses sont appréciées des abeilles et des papillons.

BOUQUET GARNI

C'est un bouquet d'herbes aromatiques utilisé pour parfumer les plats cuisinés.

Ton bouquet garni

Coupe quelques branches de chacune des herbes et noue-les à la base avec une ficelle de cuisine.

ORIGAN

Très parfumé, aimant le soleil, l'origan attire les abeilles. Il doit être coupé avant l'hiver, pour repousser au printemps.

47

LÉGUMES VERTS

Quand tu achètes des légumes dans un magasin, t'es-tu déjà demandé à quoi ils ressemblaient avant leur récolte ? Une fois cueillis, ils peuvent encore produire de jolies plantes vertes. Avec un peu de patience, tu peux ainsi faire pousser carottes, navets, etc. Voici comment procéder.

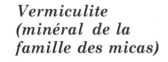

Vermiculite (minéral de la famille des micas)

Il te faut

Carottes

Panais

Plante tes légumes

Remplis les pots de vermiculite. Après avoir coupé les légumes, plante leur partie haute et vaporise-les.

Laisse tes pots dans un endroit sombre, chaud et aéré. Vérifie chaque jour que la vermiculite reste humide.

Aux premiers signes de croissance, replace tes pots à la lumière. Vaporise-les souvent : ils te donneront bientôt de belles plantes bien fournies. Quand elles auront grandi, replante-les dans du terreau. Mais attention : celles-ci ne te donneront plus de légumes !